UN PENSAMIENTO PARA CADA DÍA/26
Colección dirigida por José A. Martínez Puche, O.P.

366 textos de

Santa Margarita Mª Alacoque

Selección de textos:
Pablo Cervera Barranco

EDIBESA
Juan de Urbieta, 51
28007 Madrid
Tel.: 91 345 19 92
www.edibesa.com
28007 MADRID

Colección:
UN PESAMIENTO PARA CADA DÍA Nº26

Sede social y ediciones
Plaza de Concilio de Trento, s/n. 31001 Salamanca

Telf.: 923 26 47 81

Administración y comercialización
C/ Juan de Urbieta, 51. 28007 Madrid
Telf.: 913 45 19 92
Email info@edibesa.com

ISBN: 978-84-8407-959-0

Depósito Legal: M-12.239-2011

Diseño y Maquetación: ATyPE, S.L.

BIOGRAFÍA

Santa Margarita María Alacoque fue una religiosa de la Orden de la Visitación de Santa María. Nació el 22 de julio de 1647 en la aldea de Hautecour, perteneciente al territorio de Verosvres, pequeña ciudad cercana a Paray-le-Monial. Fue bautizada el 25 de julio. Era la menor de cinco hermanos.

Al poco de fallecer su padre fue internada en el pensionado de las monjas Clarisas. Desde entonces empezó a vivir una vida de sufrimiento que supo encauzar hacia el Amor de Dios: «Sufriendo entiendo mejor a Aquel que ha sufrido por nosotros», decía.

Tuvo una enfermedad que la inmovilizó y de la que se curó milagrosamente por intercesión de la Virgen María: «La Santísima Virgen tuvo siempre grandísimo cuidado de mí; yo recurría a Ella en todas mis necesidades y me salvaba de grandísimos peligros...»

El 20 de junio de 1671 ingresó en el Monasterio de la Visitación de Paray-le-Monial.

En la festividad de san Juan evangelista de 1673, sor Margarita María, que tenía 25 años, estaba en adoración ante el Santísimo Sacramento. En ese momento tuvo el privilegio particular de la primera de las manifestaciones visibles de Jesús que se repetirían durante dos años más, todos los primeros viernes de mes.

En 1675, durante la octava del Corpus Christi, Jesús se le manifestó con el corazón abierto, y señalando con la mano su corazón, exclamó: «He aquí el Corazón que ha amado tanto a los hombres, que no se ha ahorrado nada, hasta extinguirse y consumarse para demostrarles su amor. Y en reconocimiento no recibo de la mayoría sino ingratitud».

Las extraordinarias visiones con que fue favorecida le causaron al principio incomprensiones y juicios negativos hasta que, por disposición divina, fue puesta bajo la dirección espiritual del jesuita san Claudio de la Colombière. En el último periodo de su vida, elegida maestra de novicias, tuvo el consuelo de ver difundida la devoción al Sagrado Corazón de Jesús, y los mismos opositores de un tiempo se convirtieron en fervorosos propagandistas. Murió el día 17 de octubre de 1690, a los 43 años de edad.

BIBLIOGRAFÍA

1. Textos y estudios

PRIMER MONASTERIO DE LA VISITACIÓN DE MADRID, *Santa Margarita María y el corazón de Dios: 350 aniversario del nacimiento de Santa Margarita María Alacoque.* Libro y "Audiolibro" (con 2 CD's o casetes) (EDIBESA, Madrid 1997).

JOSÉ MARÍA SÁENZ DE TEJADA, *Vida y obras de Santa Margarita María de Alacoque* (Editorial Cor Iesu, Madrid 1977).

SANTA MARGARITA MARÍA DE ALACOQUE, *Mes del Sagrado Corazón de Jesús* (Testimonio de Autores Católicos Escogidos, Madrid 2007).

JESÚS SOLANO, *Santa Margarita María de Alacoque* (Productos Compactos, Barcelona 1991).

BERNARD DESCOULEURS - CHRISTINE GAUD, *A corazón abierto: Margarita María de Alacoque* (Ediciones Mensajero, Bilbao 1999).

2. Biografías

SANTA MARGARITA MARÍA DE ALACOQUE, *Autobiografía* (Primer Monasterio de la Visitación, Madrid [4] s.d.).

JOSÉ MARÍA SÁENZ DE TEJADA, *Vida y obras de Santa Margarita María de Alacoque* (Editorial Cor Iesu, Madrid 1977).

ENERO

1 ENERO
SANTA MARÍA MADRE DE DIOS.
Santos Manuel y Fulgencio

El Señor me aseguró que el gusto que toma en ser amado, conocido y honrado de las criaturas es tan grande, que me prometió, si no me engaño, que los **que se hayan dedicado y consagrado a Él no perecerán jamás**; que por ser Él la fuente de todas las bendiciones, las repartirá con afluencia en todos los lugares donde se ponga y venere la imagen de su Divino Corazón.

2 ENERO
Santos Basilio y Gregorio, Adalardo

Sufre en silencio y por el **amor** del amable Corazón de Jesús todas las humillaciones, penas y contradicciones que en lo sucesivo podrás recibir de las criaturas, sin quejarte poco ni mucho; pero cuando te ocurran, recíbelas como prendas del divino amor y, sin turbarte, recurre al amor de tu abatimiento.

3 ENERO
Santísimo Nombre de Jesús. Santos Antero y Genoveva

Yo creo que agradarás al **Sagrado Corazón de Jesús** cuando te abandones a Él de tal modo que Él **venga a ser la mirada de tus ojos**, la luz de tu entendimiento, el afecto de tu voluntad, el recuerdo de tu memoria y todo el amor de tu corazón, dejándolo obrar en ti, según su beneplácito.

4 ENERO
Santas Genoveva Torres, Isabel Ana Seton, Zedíslava de Lemberk. Beato Manuel González

El demonio procura desanimarte y turbarte para impedir que crezcas en la virtud y prosigas la obra de tu perfección; para remedio de esto se necesita que te hagas generosas violencias y seas cada vez más fiel a Dios, a tus obligaciones y a ti mismo.

5 ENERO
Santos Deogracias, Juan N. Neumann, Emiliana

¡Si supieseis de cuánto mérito y gloria es honrar a este amable Corazón de Jesús, y cuán **grande será el galardón** que dará a los que, después de haberse consagrado a Él, sólo pretendan honrarle!

6 ENERO
EPIFANÍA DEL SEÑOR.
Santos Andrés Corsini, Pedro Tomás

Nada es tan horrible como alguien amigo de su **propia voluntad.**

7 ENERO
Santos Raimundo de Peñafort, Luciano, Ciro

Si veis en vosotros un sinnúmero de impaciencias y enojos, arrojadlos en la fragua de la **mansedumbre del amable Corazón de Jesús**, para que os haga mansos y humildes.

8 ENERO
Santos Apolinar, Severino, Lorenzo Justiniano

El amor del Sagrado Corazón me obliga a **sufrirlo todo**, sin decir nunca que esto basta.

9 ENERO
Santos Eulogio de Córdoba, Adrián

Trabaja fielmente en la **mortificación** del espíritu y de los sentidos, y cuida ser humilde y sencillo, si quieres ser reconocido como verdadero hijo de Jesucristo.

10 ENERO
Santos Gregorio de Nisa, Miltiades, Guillermo

Precisamente porque el **Sagrado Corazón te ama**, te proporcionará frecuentemente, o en las criaturas o en ti mismo, cualquier medio de crucificarte.

11 ENERO
Santos Higinio, Honorata, Tomás de Cori

Cuanto más **te alejes de ti mismo**, más te acercarás a Dios; y Él tomará el cuidado de ti, a medida de que te olvides de ti mismo.

12 ENERO
Santos Martino de León, Arcadio, Cesarea

No te aficiones a las dulzuras espirituales, pues no duran mucho, sino **busca a Dios con fe**, y considera que no menos merece nuestro amor cuando nos envía tribulaciones que cuando nos consuela.

13 ENERO
Santos Hilario, Remigio, Gumersindo

Vive del todo abandonado al amor de nuestro Señor Jesucristo, **dejándote gobernar por su amorosa providencia,** sin desear ni rehusar nada.

14 ENERO
Santos Juan de Ribera, Félix de Nola, Eufrasio

Supuesto que el Sagrado Corazón se complace en establecer su morada en nuestra pequeñez y en nuestra nada, **estemos**, pues, siempre **alegres** y contentos.

15 ENERO

Santos Francisco F. de Capillas, Arnoldo Janssen, Tarsicia

El **perfecto olvido de mí** mismo es el único camino que me puede dar la entrada que yo deseo al Sagrado Corazón.

16 ENERO

Santos Fulgencio, Honorato, Berardo

El Sagrado Corazón de Jesús quiere **que le sirvas y ames** constantemente para que le pagues de algún modo el amor que te tiene.

17 ENERO

Santos Antonio Abad, Rosalía, Sulpicio

Cuando dentro o fuera de ti mismo te sobrevenga cualquier **ocasión de humillarte**, debes tenerla por gran favor.

18 ENERO

Santos Margarita de Hungría, Prisca, Deícola

El Sagrado Corazón quiere que vivas desapegado de todo lo que no es Dios, porque quiere ser **Él sólo tu amigo**, tu apoyo, tu placer.

19 ENERO
Santos Arsenio, Germánico, Liberata y Faustina

Mira siempre a **Dios** y nunca a las criaturas **en todos los acontecimientos**: esto te hará recibir de su mano adorable, tanto lo dulce como lo amargo, los consuelos como las mortificaciones, y que le bendigas por todo.

20 ENERO
Santos Fabián y Sebastián, Fructuoso, Augurio y Eulogio

Aprópiate estas palabras de Jesús: *Si no os hacéis como niños no entraréis en el reino de los cielos.* Esta práctica consiste en hacerte pequeñuelo con la verdadera **humildad de corazón** y la sencillez de espíritu.

21 ENERO
Santos Inés, Epifanio, Juan Yi

Si te regala alguna **dulzura** en tus ejercicios, debes creer que es para disponerte a beber alguna **gota de su cáliz**, por la humillación, o por la mortificación, o de otra manera.

22 ENERO
Santos Vicente Mártir, Vicente Pallotti, Beata Laura Vicuña

Solo el **corazón humilde** puede entrar en el Sagrado Corazón de Jesús, conversar con Él, amarle y ser amado de Él.

23 ENERO
Santos Ildefonso, Francisco Gil de Fréderic, Emerenciana

Tu viaje no ha terminado: hay que sufrir todavía tempestades y evitar escollos; todos los días se presenta alguno nuevo. Pero **Jesús será tu piloto**: abandónate completamente a su dirección.

24 ENERO
Santos Francisco de Sales, Bábila, Feliciano

Quiere Dios que vivamos en total **privación de todo lo que no es Él**, y que pueda dar satisfacción a nuestras inclinaciones y encadenar nuestros afectos.

25 ENERO
Conversión de San Pablo. Santos Ananías, Beato Enrique Suso

Procura conformarte en todo con tu **amor a Jesús**, y Jesús crucificado.

26 ENERO
Santos Timoteo y Tito, Paula, Alberico

Por cuanto el amor hace a los amantes conformes entre sí, si quieres ser amado por Jesús, conviene que seas **humilde como Él y dulce** como Él.

27 ENERO
Santos Ángela de Mérici, Enrique de Ossó, Julián, Mario

Acuérdate de no desaprobar nunca, ni condenarte más que a ti mismo, a fin de que tu **lengua**, destinada a alabar al Señor, y que tan frecuentemente le sirve de paso para conducirlo a tu Corazón, **no se convierta en instrumento de Satanás**.

28 ENERO

Santos Tomás de Aquino, Julián de Cuenca, Águeda Lin Zhao

Hazlo **todo con amor** y por amor, y usa bien del momento presente, sin inquietarte por el porvenir.

29 ENERO

Santos Valero, Afraates. Beato Manuel Domingo y Sol

Haz juicio de que eres como un árbol plantado a lo largo de un río, el cual produce el fruto a su tiempo: y cuanto más le azotan los vientos, más profundas raíces echa. Sé tú así: cuanto más te combatan las tentaciones, es menester que penetren más **hondamente tus raíces**, con profunda humildad de corazón y conforme al **Corazón de Jesús**.

30 ENERO

Santos Lesmes, Martina, Jacinta Mariscotti, David Galván

Obsequia y honra **a los que te humillen** y mortifiquen: míralos como tus mayores **bienhechores**, y dite a ti mismo: «Si me conociera, se vería que merezco mucho más».

31 ENERO
Santos Juan Bosco, Ciro y Juan, Marcela, Waldo

Deja que **brame el enemigo**: buena señal es cuando mueve algún ruido; es señal de que no le salen las cuentas.

FEBRERO

1 FEBRERO

Santos Ramón de Fitero, Brígida, Severo

No te entregues a la tristeza en los pequeños pesares con que place a Dios probarte: uniforma tu voluntad con la suya, y déjale obrar.

2 FEBRERO

PRESENTACIÓN DEL SEÑOR. PURIFICACIÓN DE MARÍA.

Cuando no puedas hacer nada en la oración, **conténtate con ofrecer** la que por nosotros hace el divino Salvador en el Santísimo Sacramento del Altar, ofreciendo sus llamas para reparar toda nuestra tibieza.

3 FEBRERO

Santos Blas, Óscar, Simeón y Ana

Arrójate con gran **confianza en los brazos**

de Jesús: el amor se los hizo extender en la cruz para recibir a sus hijos que vuelvan a Él.

4 FEBRERO

Santos Catalina de Ricci, Juan de Britto, Rabano Mauro

La **humildad de Jesús** te enseñará a alegrarte cuando seas despreciado, y a callar cuando te acusen, diciendo en tu interior: *Jesús callaba.*

5 FEBRERO

Santos Águeda, Pedro Bautista, Jesús Méndez

Silencio en aquellos pequeños **movimientos impacientes** a que nos arrastra nuestro no mortificado natural, para mostrar nuestro contento en las cosas alegres, o nuestro disgusto en las tristes.

6 FEBRERO

Santos Pablo Miki, Dorotea, Mateo Correa

Ten gran confianza en Dios: **su misericordia supera infinitamente** todas nuestras miserias.

7 FEBRERO
Santos Ricardo, Juliana. Beato Anselmo Polanco

Cuando te veas acusado piensa que Jesucristo no se excusó: **no te excuses**, a ejemplo suyo, ni siquiera cuando no tengas culpa alguna de aquello de lo que te acusan. Además, ¡cuántas faltas habrás cometido sin que te hayan reprendido por ellas!

8 FEBRERO
Santos Jerónimo Emiliani, Josefina Bakhita, Honorato

Ama a los que te humillan y contrarían, como más útiles a tu perfección que no los que te halagan.

9 FEBRERO
Santos Apolonia, Miguel Febres, Sabino. Beato Leopoldo de Alpandeire

El Corazón de **Jesús es un buen piloto**: mantente siempre unido a Él con amorosa confianza y gran humildad, aunque te parezca que no te unes a Él, más que con la luz sola del entendimiento, sin sentimiento ni gusto.

10 FEBRERO

Santos Escolástica, Silvano, Guillermo

Habla de Dios con veneración, del prójimo con estima, y nunca, o rarísima vez de ti mismo, y siempre con desprecio.

11 FEBRERO

Nuestra Señora de Lourdes.
Santos Pedro Maldonado, Sotera

Une todas tus **acciones al Sagrado Corazón** de Jesús para que al principio te sirva de disposición, y al terminarlas de satisfacción.

12 FEBRERO

Santos Eulalia de Barcelona, Mártires de Abitinia

Nuestro corazón es tan pequeño que no puede contener dos amores: hecho solamente para el amor de Dios, no encuentra descanso cuando se le mezcla cualquier otro.

13 FEBRERO

Santos Benigno, Cástor, Esteban

Al sobrevenir la **humillación**, regocíjate,

porque entrarás muy adentro en el Corazón de Jesús.

14 FEBRERO
Santos Cirilo y Metodio, Valentín, Juan Bautista de la Concepción

Cuando te sobrevenga cualquier disgusto, aflicción o mortificación, dite a ti mismo: «Toma lo que te envía el Sagrado Corazón de Jesús, para unirte a sí, y procura sobre todo conservar la **paz del corazón**, que vale más que cuantos tesoros se pueden imaginar».

15 FEBRERO
Santos Claudio de la Colombière, Enésimo, Faustino

Es menester quedar contentos y **conformarnos con la voluntad santísima** del amable Corazón de nuestro buen Señor, en el despojo y en la falta de placeres, amigos, consuelos, talentos, permaneciendo así sumisos, en la oración y fuera de ella, al cumplimiento de su beneplácito; y alegrándonos cuando le encontremos en la humillación perfecta de nosotros mismos y de todos nuestros gustos.

16 FEBRERO

Santos Elías, Juliana, Maruta

No disputes con la gracia que te solicita a hacer el bien o huir del mal: piensa frecuentemente que esta misma gracia que ahora tan eficazmente te estimula, y a la que tantas veces has resistido, se retirará por fin de ti y te dejará como terreno seco y estéril.

17 FEBRERO

Santos Siete Fundadores Servitas, Silvino, Teodoro

No desmayes en las **penas o arideces**: súfrelas con espíritu de paciencia, como cualquier otra cosa que contradiga a tu inclinación.

18 FEBRERO

Santos Sadot, Francisco Regis. Beato Fray Angélico

El modo de conservar la **paz del corazón** es no tener voluntad y sustituir la propia con la del divino Corazón, para dejarle querer para nosotros todo lo que contribuya más a su gloria, quedando satisfechos con someternos y abandonarnos a Él.

19 FEBRERO
Santos Lucía Yi, Conrado. Beato Álvaro de Córdoba

Sé sordo para oír las **sugestiones del amor propio**, las palabras que ofenden a la caridad, y en general, todo lo que pueda gastar la pureza de tu corazón.

20 FEBRERO
Santos León, Eleuterio. Beatos Francisco y Jacinta de Fátima

Rechaza todas las **sugestiones del enemigo** con una simple desaprobación, sin atormentarte por hacer actos sensibles con viva fuerza.

21 FEBRERO
Santos Pedro Damián, Germán, Roberto

Debes vivir siempre al día, con **desapego perfecto** aun de aquellas cosas que se te han dado para tu uso, y deshacerte de ellas tan pronto como adviertas que les tomas afición, aunque la cosa te parezca pequeña.

22 FEBRERO
Cátedra de San Pedro.
Santos Margarita de Cortona, Papías

Sepulta todas **tus miserias** en el Corazón misericordioso del amable Jesús, que está lleno de compasión.

23 FEBRERO
Santos Policarpo, Milburga.
Beata Rafaela Ybarra

El **amor** reina en el sufrimiento, triunfa en la humildad y se goza en la unidad.

24 FEBRERO
Santos Etelberto, Modesto, Pedro Palatino

Echa fuera todo pensamiento de **amor propio**, todo lo que sea mirarte a ti mismo, lo cual impide tanto las operaciones de la gracia en tu alma.

25 FEBRERO
Santos Luis Versiglia, Cesáreo, Calixto, Toribio Romo. Beato Ciriaco M. Sancha

Nuestro **amor propio** es tan malo, que nos hace creer que se busca a Dios, aficionándose excesivamente a las cosas de su servicio.

26 FEBRERO

Santos Paula Montal, Alejandro, Víctor. Beata Piedad de la Cruz

El **Sagrado Corazón** se complace grandemente en hacer bien a los pobres, y enseñar al que desea sacar provecho en la escuela de su santo amor.

27 FEBRERO

Santos Gabriel de la Dolorosa, Ana Line, Baldomero

El divino Corazón será tu Director y tu todo. Sea, pues, **tu alma toda de Dios** y toda para Dios: un solo corazón, un solo amor, para un solo Dios.

28 FEBRERO

Santos Mártires de Alejandría, Román, Mariana y Cira

Procura ser ciego en cuanto a los **defectos de los demás**, para no juzgarlos, y en cuanto a ti mismo, para dejarte llevar en todo por la obediencia, sin replicar ni reflexionar.

29 FEBRERO
Santos Hilario, Osvaldo, Augusto Chapdelaine

Este **Divino Corazón os pagará**, no solamente en vuestra persona, sino en la de vuestros parientes y de todos aquellos por quienes os interesáis, a los cuales mirará con ojos propicios y misericordiosos, para socorrerlos y protegerlos en todo, con tal que acudan a Él con confianza, porque tendrá eterna memoria de lo que hacen por su gloria.

MARZO

1 MARZO

Santos Félix II, Rosendo, Albino, David

Las tempestades que puedes temer no vienen más que del amor propio y de la vanidad: **el piloto Jesús te defenderá** de ellas si le eres fiel y te hará navegar con calma y tranquilidad.

2 MARZO

Santos Ángela de la Cruz, Troadio, Ceada

El Corazón adorable de Jesús quiere que los corazones que son suyos **se desapeguen de todo** y de sí mismos.

3 MARZO

Santos Emeterio y Celedonio, Catalina Drexel, Cunegunda

Échate frecuentemente en brazos de la **amorosa providencia** de Jesús, especialmente después de la Sagrada Comunión, en que su Corazón se abre para ganar el tuyo.

4 MARZO

Santos Casimiro, Apiano, Basino

Sé indiferente a padecer o a gozar, con tal de que se cumpla en ti la **voluntad de Dios**.

5 MARZO

Santos Teófilo, Lucio, Adrián, Juan José de la Cruz

Pide a Dios por el divino Corazón **ser mudo para no hablar de ti mismo** en son de excusa ni de alabanza. Acuérdate de que al acusarte o alabarte, te haces un objeto de desprecio a los ojos de los ángeles.

6 MARZO

Santos Olegario, Julián de Toledo, Coleta Boylet, Inés de Praga

Quien dice **puro amor**, dice puro sufrir.

7 MARZO

Santos Perpetua y Felicidad, Teresa, Simeón Berneux

Debes atenerte inviolablemente a estas palabras de mi santo Fundador: «**No pidáis nada ni rehuséis nada**».

8 MARZO
Santos Juan de Dios, Veremundo, Félix. Beato Faustino Míguez

El abatimiento y las **humillaciones** son acaso más sensibles cuanto más chicos y menos notables son en apariencia; pero te encumbrarán hasta Dios si los sobrellevas con dulce paciencia e igualdad de espíritu.

9 MARZO
Santos Francisca Romana, Paciano, Bruno

No le basta a Jesús la crucifixión de ti mismo, con la que procuras hacerle vivir en ti por medio de las gracias y de su amor; le agradará mucho más que **otros te crucifiquen** con corregirte, mortificarte y humillarte.

10 MARZO
Santos Cayo y Alejandro, Juan Ogilvie, Macario, Víctor

El amable Corazón de Jesús **suplirá todos nuestros defectos**, porque amará a Dios por nosotros, y nosotros le amaremos en él y mediante él.

11 MARZO
Santos Vicente de León, Sofronio, Domingo Câm

Sigue en todos los actos el ejemplo de nuestro **Salvador crucificado**, que no buscó nunca su propia gloria, sino sólo la del Padre: esté, pues, tu gloria únicamente en las humillaciones y en los desprecios.

12 MARZO
Santos Luis Orione, Inocencio I, Maximiliano

Es menester que te **abandones** totalmente en el amor, y que lo dejes obrar por ti, contentándote con asociarte a él en todo mediante una humillación profunda de ti mismo.

13 MARZO
Santos Rodrigo y Salomón, Macedonio y Patricia e hija Modesta

Recurre siempre al amor de tu **humillación**, reputándote feliz cuando nuestro Salvador te proporcione ocasión de humillarte.

14 MARZO
Santos Matilde, Alejandro, Lázaro, Paulina

Si te falta la **sencillez**, perderás la amistad del Corazón divino.

15 MARZO
Santos Luisa de Marillac, Clemente María, Leocricia

El **Sagrado Corazón será tu amigo** con tal de que no busques otros amigos en las criaturas, ni te muestres disgustado ni repulsivo con el prójimo, sino dulce, humilde y caritativo en todo acontecimiento.

16 MARZO
Santos Eusebia, Heriberto, Julián

Todo negocio, toda cosa, consiste en el **amor de Dios** y en el aborrecimiento de nosotros mismos.

17 MARZO
Santos Patricio, Gertrudis de Brabante, Juan Sarkander

Mantén tu **corazón en paz**: suceda lo que suceda, no te turbes nunca por nada, ni siquiera por tus defectos: es preciso humillarse y enmendarse tranquilamente, sin desarmarse ni abatirse. Dios habita en medio de la paz.

18 MARZO

Santos Cirilo de Jerusalén, Salvador de Horta, Eduardo

No pondrás remedio a tus **defectos**, sino haciéndote violencia continua: ni encontrarás nunca la verdadera paz hasta que llegues a aquel perfecto despojo en que Dios te quiere.

19 MARZO

SAN JOSÉ, esposo de la Virgen María

Sé todo de Dios, sin división y sin reserva.

20 MARZO

Santos Martín de Braga, Juan Nepomuceno

Abraza amorosamente lo que más te humille a los ojos de las criaturas, como el medio más a propósito y más necesario para tu perfección.

21 MARZO

Santos Nicolás de Flúe, Agustín Zhao

Quiere el Sagrado Corazón que vivamos **despojados** de todo lo que no es Dios, y pretende ser sólo Él nuestro amigo, nuestro apoyo y nuestro placer.

22 MARZO

Santos Epafrodito, Bienvenido, Lea, Calínicas y Basilisa

Amemos a Jesús, único Esposo de nuestras almas; pero amémosle en todo y sobre todo, sin gusto, ni placer, ni sentido; y en las desolaciones y las penas igual que en los goces y consuelos.

23 MARZO

Santos Toribio de Mogrovejo, José Oriol, Rebeca

Aleja todos los pensamientos del **amor propio** acerca de ti, para recrearte sencillamente en el Corazón de Jesús, para conseguir la pureza de su santo amor y entrar en todas sus santas intenciones.

24 MARZO

Santos Catalina de Suecia, Severo. Beato Diego José de Cádiz

El divino Corazón se retirará de nuestras almas si nos encuentra **aficionados a cualquier cosa** que no sea Él.

25 MARZO

ANUNCIACIÓN DEL SEÑOR. Santos Dimas, Matrona

Juzgo que te hace especial merced en darte a conocer y haciendo que ames tu **humillación**, porque no hay medio más eficaz que ése para penetrar y permanecer en la amistad del Sagrado Corazón de Jesús.

26 MARZO

Santos Braulio, Cástulo, Manuel, Sabino

Yo espero que el Soberano Pastor no quiera perder a su querida ovejita: **no permitirá al lobo infernal que nos haga guerra** más que para tener ocasión de recompensarnos y hacerse Él mismo premio de nuestra victoria.

27 MARZO

San Ruperto. Beato Francisco Faà de Bruno

No hay cosa que tanto **avergüence al demonio** y le haga impotente contra nosotros como la acusación sincera de nuestros defectos, y la manifestación franca de nuestro bien y nuestro mal, hecha a nuestro director espiritual.

28 MARZO

Santos Esteban Harding, Gúntram

Las ínfulas del **amor propio** hacen que no se quiera sufrir más que lo que viene bien, y que se haga mal uso de las ocasiones que la divina Providencia nos manda, sin que nosotros las hayamos previsto ni buscado.

29 MARZO

Santos Eustasio, Guillermo Tempier, Ludolfo

Tan pronto como hayas cometido cualquier **culpa**, después de haberte humillado por ella, acude a tomar en el Corazón de Jesús la virtud contraria a aquella inclinación tuya, para ofrecerla en expiación al Eterno Padre.

30 MARZO
Santos Juan Clímaco, Julio Álvarez, Leonardo Murialdo

Sea el que fuere el estado en que Dios te ponga, **no te turbes por nada**, sino déjalo hacer, uniéndote a todas sus intenciones.

31 MARZO
Santos Benjamín, Balbina, Guido

¡En nombre de Dios! No divaguemos tanto **pensando en nuestras penas**; ni ahora que las experimentamos, ni cuando hayan cesado.

ABRIL

1 ABRIL

Santos María Egipcíaca, Nuño Álvares, Hugo

Tu herencia será el **Huerto de los Olivos** con Jesús entristecido hasta la muerte, que será el tesoro para pagar tus falsas alegrías. Su oración servirá para reparar el tiempo en las tuyas, y para obtener la gracia del don perfecto de oración y unión con Dios.

2 ABRIL

Santos Francisco de Paula, Domingo Tuóc, Abundio, Teodora

Abandónate al amor sin reserva alguna y ten cuidado de aprovechar las ocasiones que te vengan de mortificarte y humillarte, para unirte más estrechamente al Señor.

3 ABRIL
Santos Sixto I, Ricardo Wych, Luis Scrosoppi

Te suplico que te sujetes inviolablemente al cumplimiento exacto de tus prácticas santas, y que tomes tu **descanso en el Sagrado Corazón de Jesús**. Y cuando hayas caído en cualquier culpa, toma de aquel Corazón adorable el modo de repararla.

4 ABRIL
Santos Platón, Pedro, Benito Massarari

Entrégate a la divina **Providencia**, dispuesto a recibir de sus manos con indiferencia el gozar y el padecer, la paz y la turbación, la salud y la enfermedad: no pidas nada, ni rechaces nada.

5 ABRIL
Santos Vicente Ferrer, Irene, Catalina Thomás

Arrójate frecuentemente en los brazos de Dios y en el divino Corazón de Jesús: **abandónate** a todo lo que quiera hacer de ti.

6 ABRIL

Santos Guillermo, Gala, Ireneo, Eutiquio

Cuando tengas que sufrir alguna cosa, alégrate por la semejanza que así alcanzas con Jesús por los **oprobios e injurias** que sufre en el Santísimo Sacramento.

7 ABRIL

Santos Juan Bautista de La Salle, Teodoro, Germán

Es menester amar al Sagrado Corazón, de manera que ya ni vivamos ni respiremos más que **para Él**.

8 ABRIL

Santos Dionisio de Corinto, Julia Billart, Ágabo

El divino Salvador me ha hecho saber muchas veces que la más pequeña **penitencia**, hecha por obediencia, le es más grata que las mayores austeridades que yo practique por mi elección.

9 ABRIL

Santos Casilda, Hugo, Liborio, Máximo

El adorable Corazón de Jesús quiere establecer en todos los corazones el **reino de su amor** puro, arruinando y destruyendo el de Satanás.

10 ABRIL
Santos Miguel de los Santos, Terencio, Magdalena, Beda

Nuestro corazón no se ha **hecho** más que **para Dios**: ¡ay de él si se contenta con menos que con Dios, o si alimenta cualquier otro juego que el de su puro amor!

11 ABRIL
Santos Estanislao, Isaac. Beata Elena Guerra

Estate dispuesto y pronto a hacerlo todo y **sufrirlo todo en el silencio** de un alma perfectamente entregada a Dios.

12 ABRIL
Santos Julio I, David Uribe, Víctor, Visia y Sofía

Sé constante en la **mortificación** de tus sentidos, si quieres lograr el espíritu interior y el don de la oración.

13 ABRIL
Santos Martín I, Hermenegildo, Sabás Reyes

¡Qué felicidad poder **padecer** siempre en silencio y por último morir en la cruz bajo el peso de todo género de miserias del cuerpo y del espíritu entre el olvido y el desprecio!

14 ABRIL
Santos Telmo (B. Pedro González), Lamberto,

A pesar de toda oposición, este **Divino Corazón triunfará**. Dichosos los que han sido instrumentos para establecer su Reinado.

15 ABRIL
Santos Damián de Molokai , Abundio, Teodoro y Pausilipo

La más mínima réplica sobre la **obediencia** con cualquier señal de repugnancia es un defecto insoportable a los ojos de Dios.

16 ABRIL
Santos Bernardita de Lourdes, Engracia, Toribio de Astorga, Benito José Labre

En todo lo que hagas no tengas otro deseo

ni otra intención que **agradar a Dios**: mírale sólo a Él en todo lo que te suceda, sin pensar de qué materia están hechas las cruces que te da.

17 ABRIL
Santos Elías, Pablo e Isidoro de Córdoba, Pedro y Hermógenes, Roberto

Cuando hayas cometido cualquier **falta**, es preciso que te humilles en la presencia de Dios y le pidas perdón: después vuelve al trabajo con nuevo brío.

18 ABRIL
Santos Eusebio, Anastasia. Beato Andrés Hibernón

Trata con el Señor con suma **confianza y sencillez.**

19 ABRIL
Santos León IX, Jorge de Antioquía, Marta

No juzgues ni acuses más que a ti mismo, y excusa a todos los demás.

20 ABRIL
Santos Inés de Montepulciano, Aniceto, Secundino

No mantengas jamás **ninguna frialdad** con el prójimo, porque el Corazón de Jesús tendrá con nosotros otra tanta.

21 ABRIL
Santos Anselmo, Anastasio, Román Adame

Recurre confiadamente a la **amorosa bondad** del Corazón divino: no te abandonará, porque desea hacerte bien y está dispuesto a recibirte siempre que vuelvas humildemente a Él, si por desgracia te apartas algo.

22 ABRIL
Santos Sotero y Cayo, Oportuna, Leónidas

Habla siempre **de Dios alabándole**, glorificándole: del prójimo con estima; pero de ti mismo ni bien ni mal.

23 ABRIL
Santos Jorge, Adalberto, Gerardo

El adorable Corazón de Jesús suplirá cuanto pueda faltarte, si te abandonas a Él; porque

Él amará a Dios por ti, y tú le amarás en Él y por Él.

24 ABRIL
Santos Fidel, María Cleofé y Salomé, María Eufrasia, Benito Menni

Reposa en el seno de Dios como el niño, que no piensa: **su amor cuidará de ti.**

25 ABRIL
Santos Marcos Evangelista, Pedro de Betancurt, Aniano

Cuando te sobrevenga cualquier **pena**, mortificación o aflicción, di: «Tomo lo que el Sagrado Corazón de Jesús me manda para unirme a Él».

26 ABRIL
Santos Isidoro de Sevilla, Rafael Arnáiz Barón, Cleto

El Corazón que **ama sólo a Dios**, le encuentra en todas partes.

27 ABRIL
Santos Zita, Simeón. Ntra. Sra. de Montserrat

Abracemos de buen grado todo lo que Dios

dispone, diciendo en todos los casos: ***Dios mío, hágase tu voluntad.***

28 ABRIL

Santos Luis Mª G. de Montfort, Pedro Chanel. Beata Juana Beretta

Procura conservar la **paz del corazón**, que vale más que todos los tesoros imaginables: el mejor medio para conservarla no es el de tener ya voluntad, sino poner la del Sagrado Corazón en lugar de la tuya.

29 ABRIL

Santos Catalina de Siena, Síquico, Hugo

Cuando en la **oración** te sientas incapaz de formar ningún buen pensamiento, ofrece entonces al Eterno Padre todo lo que el Corazón de Jesús hace en el Santísimo Sacramento, para que supla lo que querrías y deberías hacer tú.

30 ABRIL

Santos Pío V, José B. Cottolengo, Amador

Echa en olvido tus intereses, y el cuidado de ti mismo **en brazos de tu Padre** celestial.

MAYO

1 MAYO

Santos José Obrero, Jeremías, Ricardo Pampuri

Procuremos que nuestra vida no deshonre la santa **vocación** a que hemos sido llamados, vocación que exige de nosotros una vida angelical.

2 MAYO

Santos Atanasio, Félix de Sevilla, Hesperio y Zoes e hijos

Es menester **luchar contra nosotros** mismos hasta el final y morir con las armas en la mano: la corona no se da sino a los vencedores.

3 MAYO

Santos Felipe y Santiago Apóstoles, Timoteo y Maura, Juvenal

Amemos al Único de nuestra alma, pero

amémosle en todo y sobre todo, sin gusto, sin sentimiento, sin placer: tanto en el sufrimiento y en la desolación, como en la alegría de los consuelos.

4 MAYO

Santos José María Rubio, Florián, Silvano

Amemos al Sagrado Corazón con todas nuestras fuerzas; démosle **todo a su amor** para que él nos consuma y purifique con su fuego divino.

5 MAYO

Santos Ángel de Sicilia, Máximo, Niceto

Nuestra santa vocación, lo mismo en la aflicción que en los consuelos, debe hacernos sumisos a la **voluntad adorable de Dios**, que es siempre amable en sí misma.

6 MAYO

Santos Domingo Savio, Lucio Cireneo, Benita

Todo debe sernos indiferente, con tal que el **divino Corazón esté contento**; esto debe bastarnos.

7 MAYO
Santos Flavia Domitila, Agustín Roscelli, Flavio

No queramos desmayar; pero recibamos con buen corazón y con espíritu de sumisión las **pequeñas mortificaciones** que la Providencia permita que nos sobrevengan: procuremos hacer buen uso de ellas.

8 MAYO
Santos Víctor, Eladio, Arsenio Nuestra Señora de Luján

El Corazón dulcísimo de Jesús quiere **poseernos sin reserva** y quiere hacerlo todo en nosotros, sin resistencia de nuestra parte.

9 MAYO
Santos Isaías, Hermes, Pacomio, Catalina de Bolonia

Sólo en el **total desasimiento** de ti mismo y de todo lo que no es Dios hallarás la verdadera paz y dicha perfecta, porque no teniendo nada, lo hallarás todo en el Sagrado Corazón de Jesús.

10 MAYO
Santos Juan de Ávila, Antonino de Florencia, Job

Confiad en la bondad de nuestro Señor en medio de las cruces que os manda: no os abandonará, porque **sabe sacar bienes de nuestros males**, y de nuestras aflicciones su gloria.

11 MAYO
Santos Francisco de Jerónimo, Mamerto. Beato Zeferino Namuncurá

No nos cansemos de **sufrir en silencio**; buena es la cruz en todo tiempo y lugar para que nos unamos a Jesús.

12 MAYO
Santos Nereo y Aquiles, Pancracio, Domingo de la Calzada

Muchas veces, por **querer hacer demasiado**, lo echamos todo a perder, y obligamos al Señor a que nos deje hacer y se retire enojado.

13 MAYO
Nuestra Señora de Fátima.
Santos Pedro Nolasco, Pedro Regalado

No debemos respirar sino llamas y **amor**: amor puro, amor que nos crucifique y sacrifique con la inmolación continua de nosotros mismos a la voluntad divina.

14 MAYO
Santos Matías Apóstol,
María Dominica Mazzarello, Justa y Eredina

Aunque Dios quiera salvarnos, quiere que ayudemos de nuestra parte; si no, nada hará sin nosotros. Por esto hemos de estar resueltos a padecer. Este es el **tiempo de siembra** provechosa para la eternidad: allí será abundante la cosecha. No os desaniméis, vuestros trabajos arrostrados con paciencia valen mil veces más que cualquier otra penitencia.

15 MAYO
Santos Isidro Labrador,
Juana de Lestonnac, Witesindo de Córdoba

No os espanten los muchos **contratiempos**

que se os ofrecerán en el establecer el reinado de este amable Corazón; las contrariedades son prendas seguras de ser de Dios la cosa, ya que sus obras se llevan a ejecución, por lo común, entre contradicciones y trabajos.

16 MAYO
Santos Gema Galgani, Simón Stock, Alipio y Posidio

Las **dulzuras interiores** producen en nosotros vanas complacencias y nunca puro amor.

17 MAYO
Santos Pascual Bailón, Víctor, Heraclio y Pablo

En todo lo que hagamos no debemos poner la mira sino en **unirnos a Dios** y conformarnos con nuestro Esposo crucificado; pero para esto es preciso pasar por encima de todos los respetos humanos, que tanto abaten a nuestra perfección.

18 MAYO
Santos María Josefa del Sagrado Corazón, Rafaela María, Félix

No conviene disputar con la gracia, cuando nos estimula a **hacer el bien o a huir del mal**.

19 MAYO
Santos Francisco Coll, Urbano I, Ivón, Celestino V

No queramos **servir a Dios** a medias, siendo así que, conforme Él se da todo entero a quien le ama, quiere igualmente poseer por entero el corazón de los que ama.

20 MAYO
Santos Bernardino de Siena, Lidia, Áurea

Acógete al Corazón Sagrado de nuestro Señor Jesucristo si quieres vencer a tus enemigos y encontrar la fortaleza y el consuelo que necesitas: no te lo negará si se lo pides.

21 MAYO
Santos Cristóbal Magallanes, Eugenio de Mazenod, Mancio de Évora

Los dolores, las humillaciones, los desprecios, las contradicciones y todo lo que hay de más amargo para la naturaleza **se torna en bien** en el Corazón adorable de Jesús, que quiere ser Únicamente amado.

22 MAYO
Santos Joaquina de Vedruna, Rita de Casia, Quiteria

Es preciso procurar mantenerse siempre en aquella misma disposición en que querremos comparecer **en la presencia de Dios**: así no temeremos que la muerte nos sorprenda.

23 MAYO
Santos Lucio, Eutiquio

Este divino Corazón es pura dulzura, humildad y paciencia, por lo tanto, debemos esperar... **Él sabe cuándo actuar**.

24 MAYO
María Auxiliadora.
Santos Vicente de Lèrins, Simón Estilita, Juana

No te aflijas por las **penas internas**, pues de ellas puedes sacar el mayor consuelo, siempre que las soportes con paz, sumisión y abandono al Sagrado Corazón de Jesús, que no te las envía sino por un exceso de amor.

25 MAYO
Santos Beda, Gregorio VII, Mª Magdalena de Pazzi, Magdalena Sofía, Vicenta María

Jesús quiere serlo **todo para el corazón** que le ama; pero esto no puede ser sin que se padezca por Él.

26 MAYO
Santos Felipe Neri, Mariana de Jesús Paredes, Pedro Mártir Sans

Seamos **enteramente de Dios**, por el amor; de nuestro superior, por la sumisión, y de nuestro prójimo, por la caridad.

27 MAYO
Santos Agustín de Canterbury, Bruno, Bárbara Kim y Bárbara Yi

La **humildad** hará reinar a Jesús en tu corazón y te conservará en su amistad: la pureza de corazón y de intención te hará objeto de sus amorosas complacencias.

28 MAYO
Santos Justo de Urgel, Germán de París, Guillermo

Dios es enemigo de todo engaño y doblez, y no hay cosa que pueda hacer vuestro corazón más semejante al de Jesús que la **sinceridad** y la humildad.

29 MAYO
Santos Bona, Gerardo, Maximino

Seamos **caritativos** y humildes en nuestros pensamientos, así como en las palabras.

30 MAYO
Santos Fernando Rey, Juana de Arco, Matías Mulumba. Beata Matilde Téllez

La **caridad** te hará reinar en el divino Corazón de Jesús; no hay que forjarse ilusiones pues no somos al presente más que bosquejos manchados, y es necesario que nos esmeremos en limpiarnos y perfeccionarnos.

31 MAYO
Visitación de la Virgen María.
Santos Noé Mawaggali, Petronila, Silvio

¡Dios mío! ¡Qué tesoro tan inmenso es el **amor a la pequeñez** y a nuestra propia humillación! ¡Qué no debiéramos hacer y padecer por alcanzarlo! El alma que tanto bien posee está segura y nada puede faltarle, porque el Todopoderoso en ella se complace y recrea.

JUNIO

1 JUNIO

Santos Justino, Fortunato, Íñigo, Próculo

Entra en el **Corazón de Jesús** para encerrarte en aquella prisión de amor y tener parte en las amarguras que inundaron aquel Sacratísimo Corazón.

2 JUNIO

Santos Marcelino y Pedro, Eugenio I, Erasmo, Guido

Abandónate enteramente al divino Corazón, diciéndote frecuentemente a ti mismo: «Si este divino Corazón es mío, ¿qué podrá faltarme? **Si yo soy todo suyo, ¿qué podrá dañarme?**».

3 JUNIO

Santos Carlos Luanga, Juan Grande, Clotilde, Olivia

En lo que hagas **no busques ser alabado**; di

para ti: «Esto no se me debe». Por el contrario, cuando te veas despreciado di: «Esto es justo lo que me corresponde».

4 JUNIO

Santos Pedro Mártir de Verona, Francisco Caracciolo, Walter

Cuando quieras hacer **oración**, entra en el Corazón de Jesús, como en un desierto sagrado, y en él encontrarás el modo de dar a Dios todo lo que le debes, ofreciéndole la oración de nuestro Señor Jesucristo, para suplir la vuestra.

5 JUNIO

Santos Bonifacio, Doroteo, Franco, Sancho

Si te ves en un abismo de debilidad, de recaídas, de miserias, acude con frecuencia al Divino Corazón de Jesús: es un **abismo de misericordia** y de fortaleza: Él te levantará y te confortará.

6 JUNIO

Santos Norberto, Marcelino Champagnat, Rafael Guízar, Artemio y Paulina

Entra en el **Corazón de Jesús** como un viajero en la nave: el amor será el piloto que te conduzca felizmente en este mar agitado que es preciso cruzar antes de arribar al puerto.

7 JUNIO
Santos Antonio Mª Gianelli, Roberto, Pedro. Beata Ana de San Bartolomé

Si te ves en un abismo de privaciones y desolaciones, el Corazón divino es un **abismo de todo consuelo**, dentro del cual es menester que nos perdamos sin anhelo de gustar sus dulzuras.

8 JUNIO
Santos Maximino, Guillermo, Medardo

Cuando te sientas **agitado y tentado** por algún temor, di a tu alma: «¿Qué temes? Posees el Corazón de Jesús y su amor; Él es el tesoro, la fortaleza y la delicia del cielo y de la tierra».

9 JUNIO
Santos Efrén, Ricardo, Columba. Beato José de Anchieta

El Sagrado Corazón es un abismo donde lo

encontrarás todo: es, en especial, un **abismo de amor**, en el que debemos sepultar todo nuestro amor, particularmente nuestro amor propio con sus malos afectos, como son el respeto humano, el deseo de ensalzarse y hacer el propio gusto. Anegando estas inclinaciones en el abismo del Amor divino, encontrarás todas las riquezas que te hagan falta en tus diferentes situaciones.

10 JUNIO

Santos Landerico, Itamar, Bogumilo

El Corazón de Jesús es la **escuela** en la que se aprende **la ciencia de los santos**, la ciencia del puro amor, que hace olvidar todas las ciencias mundanas.

11 JUNIO

Santos Bernabé, María Rosa Molas, Alicia

Si te ves en un abismo de infidelidad e inconstancias, Jesús lo es de constancia y fidelidad: **abísmate en Él**, y allí encontrarás un amor constante en amarte y hacerte bien.

12 JUNIO

Santos Juan de Sahagún, León III, Onofre

¡Ah! Si entendieras qué gran bien es para un alma **amar al Sagrado Corazón**, pensar en Él y ser toda suya. ¡Cómo despreciarías bien pronto todo lo demás!

13 JUNIO

Santos Antonio de Padua, Eulogio, Aquileo

Si te ves en un abismo de pobreza y despojado de todo, **arrójate en el Corazón de Jesús**: está lleno de tesoros; si le dejas hacer te enriquecerá.

14 JUNIO

Santos Eliseo, Anastasio, Fortunato, Metodio

Si has caído en un abismo de melancolía, **sumérgete en el Corazón de Jesús**, que es un abismo de alegría celestial y el tesoro de todas las delicias de los santos y de los ángeles.

15 JUNIO

Santos María Micaela, Amós, Germana, Benilde, Vito

Si te ves en un abismo de aridez e impotencia, ve a **internarte en el Corazón de Jesús**, abismo de poder y de amor, sin cuidarte de gustar la suavidad de este amor, sino cuando a Él le plazca.

16 JUNIO
Santos Quirico y Julita, Lutgarda, Aureliano

Si te hallas en un abismo de distracción y disipación, encontrarás en el Sagrado Corazón de Jesús un **abismo de recogimiento** y de fervor, que lo suplirá todo, que afianzará tu corazón y tu imaginación uniéndola a Él.

17 JUNIO
Santos Teresa de Portugal, Avito, Domingo Nguyen

Entra en el Corazón de Jesús como un amigo convidado al festín por otro amigo: allí encontrarás las delicias que te están preparadas, y son superiores a todos tus deseos y pensamientos: quedarás embriagado del vino delicioso de su amor, vino que endulza las amarguras del siglo e inspira disgusto de todos los placeres terrenos.

18 JUNIO
Santos Marcos y Marcelino, Ciriaco y Paula, Gregorio Barbarigo

Si te hallas como abismado en la muerte, **acude al Corazón de Jesús**, y en Él encontrarás un abismo de vida: sacarás de Él una vida nueva, vida en que no mirarás con otros ojos que con los de Jesús, no te moverás más que con su movimiento, no hablarás más que con su lengua, y no amarás ya más que con su Corazón.

19 JUNIO
Santos Romualdo, Gervasio y Protasio, Lamberto, Juliana

Si te encuentras en un abismo de ignorancia y de tiniebla, el Corazón de Jesús es un **abismo de sabiduría** y de luz: aprende tan sólo a amarle y haz únicamente lo que desea de ti.

20 JUNIO
Santos Florentina de Cartagena, Metodio, Juan de Mateola

Si ves en ti un abismo de soberbia y de

vana estima propia, abísmala sin tardanza en las humillaciones profundas del Divino Corazón de Jesús: este humilde Corazón es el **abismo de la humildad**.

21 JUNIO
Santos Luis Gonzaga, Ramón de Roda, José Isabel Flores

¿Quieres saber quién penetrará más adentro en la sagrada instancia del Corazón de Jesús? El que **sea más humilde y más despreciado**; el que más se despoje de todo, será el que tendrá más; el más mortificado será el más acariciado; el más caritativo será el más amado; el más silencioso será el más adoctrinado; el más obediente, en fin, será el que tendrá más crédito y más poder.

22 JUNIO
Santos Paulino de Nola, Juan Fisher y Tomás Moro

Si te encuentras **turbado** e inquieto, el Divino Corazón es un abismo de paz, y te la comunicará.

23 JUNIO
Santos José Cafasso, Edeltrudis, Tomás Garnet

Conviene que nos abandonemos enteramente, y que por el perfecto olvido de nosotros mismos no queramos ni deseemos nada: lo encontraremos **todo en Dios.**

24 JUNIO
NATIVIDAD DE SAN JUAN BAUTISTA. Santos Simplicio, Rumoldo

Si te encuentras en un abismo de ingratitud, el Corazón de Jesús es un **abismo de reconocimiento**: toma de Él para ofrecer a Dios por todos los bienes recibidos, y pide a Jesús que te supla con su abundancia.

25 JUNIO
Santos Máximo de Turín, Próspero de Aquitania, Orosia, Domingo Henares

Cuando busques la estima de las criaturas y quieras insinuarte en su **amistad**, perderás la del Sagrado Corazón, y quedarás empobrecido de sus tesoros a medida que te hagas rico de cosas creadas.

26 JUNIO
Santos Pelayo, Josemaría Escrivá, José Mª Robles

Lleva la **cruz del Sagrado Corazón**; llévala de corazón, con alegría, con ánimo; si no darás estrechísima cuenta de esto.

27 JUNIO
Santos Cirilo de Alejandría, Zoilo. Ntra. Sra. del Perpetuo Socorro

Si te encuentras en un abismo de agitación, de impaciencia o de cólera, **acude al Corazón de Jesús**, que es un abismo de amabilidad.

28 JUNIO
Santos Ireneo de Lyon, Argimiro, Pablo I, Lucía Wang-Cheng

Sólo el **corazón humilde** puede entrar en el Sagrado Corazón de Jesús, conversar con Él, amarle y ser amado por Él.

29 JUNIO
SANTOS PEDRO Y PABLO APÓSTOLES, Emma, Siro

Cuando te halles en un abismo de amargura y de penas, únelo al abismo de las penas infinitas del Corazón de Jesús, y aprende de Él a padecer, y a **padecer con alegría**.

30 JUNIO
Santos Protomártires de Roma, Marcial, Ladislao, Adolfo

El Sagrado Corazón difícilmente reinará en un corazón en que reina **demasiado el amor del placer**.

JULIO

1 JULIO

Santos Aarón, Nicasio, Justino Orona y Atilano Cruz

Fijemos la atención en nuestras **penas** todo lo menos que podamos, pues el modo de sacar de ellas mayor provecho es despreciarlas.

2 JULIO

Santos Bernardino Realino, Liberato, Monegunda

Cuando te veas en un abismo de temor, el Corazón de Jesús es un abismo de confianza y de amor: **abandónate a Él**, y aprenderás que el temor debe ceder al amor.

3 JULIO

Santos Tomás Apóstol, Heliodoro, León

Entra en el Sagrado Corazón de Jesús,

entra. ¿Qué puedes temer si Él mismo **te invita a que descanses en Él**?

4 JULIO
Santos Isabel de Portugal, Valentín de Berriochoa, Berta. Beato Pedro Jorge Frassati

Emplea bien el tiempo destinado a la oración y a los demás ejercicios espirituales: esta **fidelidad** te sostendrá en todas tus obligaciones.

5 JULIO
Santos Antonio Mª Zaccaría, Marta

Cuando te venga el **pensamiento de excusarte**, di: «Jesús era inocente y, acusado, calló: yo, que soy tantas veces delincuente, ¿osaré justificarme?».

6 JULIO
Santos María Goretti, Rómulo, Paladio

En todo y por todo, **abísmate** en aquel océano de amor y de caridad y, si es posible, no salgas más de él sin haber quedado penetrado del fuego que abrasa aquel Divino Corazón para con Dios y para con los hombres, como el fuego de un horno, o al modo que una esponja echada en el mar queda enteramente empapada y abismada en el agua.

7 JULIO

Santos Fermín, Odón, Edilburga

Estate siempre dispuesto a **sufrirlo todo** y a hacerlo todo sin dolerte jamás ni creer que se te hace injusticia.

8 JULIO

Santos Áquila y Priscila, Adrián, Pancracio

Si deseas gustar la dulzura de la amorosa **conversación de Jesús** en el Sacramento, echa fuera todas las ínfulas del amor propio y de los respetos humanos.

9 JULIO

Santos Juan de Colonia, Verónica Giuliani. Ntra. Sra. del Rosario de Chiquinquirá

Extiende sobre los ojos de tu alma la venda de la santa y amorosa sumisión a Dios y, por amor de Dios, a la **obediencia.**

10 JULIO

Santas Amalia, Rufina, Segunda, Anatolia y Victoria

Sin el amor de Jesús, la **vida** no es más que **muerte**.

11 JULIO

Santos Benito, Pío I, Olga, Marciano, Marciana

No te detengas en recapacitar sobre tus **faltas**; esto no sirve la mayor parte de las veces sino para contentar el amor propio.

12 JULIO

Santos Ignacio Clemente Delgado, Juan Gualberto, Juan Jones y Juan Wall

La **cruz** es un tesoro precioso que debemos guardar escondido por temor de que nos lo roben.

13 JULIO

Santos Enrique, Teresa de J. de los Andes, Silas, Esdras. Beato Jacobo de Varazze

Ten la **sencillez del niño** para con los que te dirigen.

14 JULIO

Santos Camilo, Francisco Solano, Tuscana

Con las criaturas **habla** poco, pero **mucho con Dios,** haciendo y padeciendo.

15 JULIO

Santos Buenaventura, Pompilio Mª Pirrotti, Vladimiro

La verdadera **obediencia** no nos permite ni quejarnos ni reflexionar.

16 JULIO

Ntra. Sra. del Carmen. Santos Reinilda, Grimoaldo y Gondulfo

Yo no sé qué decir a las personas que amo, como no les hable de la **cruz** de Jesucristo.

17 JULIO

Santos Justa y Rufina, Marcelina, Alejo, Jacinto

Para hacerse **santo**, es menester renunciar a sí mismo sin reserva, y sacrificar absolutamente la propia voluntad.

18 JULIO

Santos Arnulfo, Teodosia, Bruno, Federico

Abandónate a todo lo que quiera hacer de ti el divino Corazón de Jesús.

19 JULIO

Santos Epafras, Macrina, Áurea, Belnoldo

La **soberbia** es la mayor deuda ante la justicia divina.

20 JULIO

Santos Apolinar, Elías, José Mª Díaz Sanjurjo, Marina, Aurelio

Sé pobre y falto de todo y Dios te enriquecerá.

21 JULIO

Santos Lorenzo de Brindis, Práxedes, Víctor, Alberico

El deseo de Dios es que sobrellevemos pacíficamente nuestras **penas** y arideces sin afanarnos tanto por salir de ellas.

22 JULIO
Santos María Magdalena, Anastasio, Cirilo, Gualterio (Walter)

Las bellas **palabras** y resoluciones serán nuestra condenación, si faltan los hechos.

23 JULIO
Santos Brígida, Ezequiel, Juan Casiano, Severo. Beata Margarita Maturana

Ten presente que, siendo esposa de un Dios crucificado, le debes estar totalmente sacrificada, a fin de que Él establezca **en tu alma su reino**, que es un reino de paz en los sufrimientos.

24 JULIO
Santos Sarbelio, José Fernández, Cristina, Balduino, Boris y Gleb

Hazlo todo con tanta **tranquilidad** como si no tuvieras que hacer más que lo que tienes entre manos; y haz todas las cosas como si cada una de ellas fuera la última de tu vida.

25 JULIO
SANTIAGO EL MAYOR.
Santos Cucufate, Cristóbal, Olimpia

Al Corazón de Jesús le agradan mucho los **servicios de los pequeños** y humildes de corazón, y paga con bendiciones sus trabajos.

26 JULIO
Santos Joaquín y Ana, Jorge Precca

El **mayor bien** que debemos desear es conformarnos a Jesús en sus penas.

27 JULIO
Santos Celestino I, Pantaleón, Juliana y Semproniana. Beato Tito Brandsma

Tened **paciencia** con todos para merecer que todos, en particular los pobres, acudan a vosotros en sus necesidades. Tened a todo el mundo por amigo y a nadie por enemigo, en cuanto según Dios sea posible.

28 JULIO
Santos Víctor I, Melchor de Quirós, Pedro Poveda, Nazario y Celso

La **virtud** no consiste en formar bellas resoluciones ni en decir bellas palabras, sino en los hechos.

29 JULIO
Santos Marta de Betania, Urbano II, Félix, Próspero

Tolera con silencio y por amor al amabilísimo Corazón de Jesús todas las **humillaciones**, trabajos y contradicciones que en lo sucesivo puedas recibir, y esto sin quejarte; cuando te sobrevengan deberás aceptarlos como prenda de amor y, sin turbarte, recurrir al amor de tu humillación.

30 JULIO
Santos Pedro Crisólogo, Abdón y Senén, Julita

Cumple con inviolable **fidelidad** todas tus santas prácticas, sin descuidar ni la más pequeña parte de ellas, y así ganarás el Corazón de tu buen Padre, que te ama con ternura.

31 JULIO
Santos Ignacio de Loyola, Fabio, Elena

No seas precipitado en el obrar: cuida de

conformar tu interior y exterior según el modelo de Jesucristo y de su Sagrado Corazón.

AGOSTO

1 AGOSTO

Santos Alfonso Mª de Ligorio, Félix

Estate siempre pronto a hacerlo todo y a **sufrirlo todo**, al menor indicio de la voluntad de Dios, con la obediencia que debes practicar con quien te manda en su nombre.

2 AGOSTO

Santos Eusebio, Pedro Julián Eymard. Beata Juana de Aza. Ntra. Sra. de los Ángeles

Al presente, el Sagrado Corazón no puede contener dentro de sí sus llamas, y por eso las lanza ardentísimas en los corazones que están dispuestos a inflamarse. ¡Oh! Hagámonos dignos de **arder** en estas llamas eternamente.

3 AGOSTO
Santos Martín, Eufronio, Pedro

En las ocasiones de **padecer**, di: «Todo quiero sufrirlo sin quejarme; amando a mi Jesús, nada me espanta».

4 AGOSTO
Santos Juan M. Vianney, Jacinto, Rainiero, Aristarco

¡Oh, qué duro es el vivir sin **amor a Dios**! Pero, ¿cómo se puede amar a un Dios crucificado sin amar la cruz, sin vivir y morir sobre la cruz?

5 AGOSTO
Dedicación Basílica Santa María la Mayor, Virgen de las Nieves, Virgen Blanca

Toda **mi fortaleza** y todo mi sostén es mi Soberano Señor, en medio de todos los afanes y trabajos que no cesan de agitarme de diversos modos.

6 AGOSTO
Transfiguración del Señor. Santos Justo y Pastor, Hormisdas

El divino Maestro quiere el **amor** y el homenaje de sus criaturas libres, desprendidas y amorosas, sin violencia ni disimulo.

7 AGOSTO
Santos Sixto II, Cayetano, Alberto, Donato, Afra, Miguel de la Mora

No acompañarás a Jesús en estado de víctima en el Sacramento, sino a medida que te despojes de veras de todas las **afecciones naturales.**

8 AGOSTO
Santos Domingo de Guzmán, Bonifacia Rodríguez, Ciariaco

Busca ocasión de contentarle con el ejercicio de la santa **caridad**, sintiendo y hablando bien de tu prójimo, asistiendo a los pobres cuando puedas, espiritual o corporalmente, mirando a Jesucristo en la persona de ellos, y no haciéndoles nada que no quisiéramos que se hiciese con nosotros.

9 AGOSTO
Santos Teresa Benedicta de la Cruz (Edith Stein), Román

Mira siempre a Dios y no a las criaturas, en

cualquier suceso; y esto te hará recibir igualmente de su mano adorable lo dulce y lo amargo, los consuelos y las mortificaciones, y bendecirle por todo.

10 AGOSTO
Santos Lorenzo, Blano

No procures ser amado ni estimado más que por el Corazón de nuestro Señor: **si Él te ama te basta** y quedas compensado por todo.

11 AGOSTO
Santos Clara, Susana, Rufino, Alejandro.

Observa el **silencio interior** echando fuera todo pensamiento inútil, toda ínfula de amor propio, para disponerte a oír la voz del Esposo.

12 AGOSTO
Santos Juana F. de Chantal, Aniceto y Focio. Beata Victoria Díez

El **espíritu de Dios obra en la paz**: acudamos a Él con amor y confianza, y nos recibirá en los brazos de su misericordia; pero después de esto tengamos cuidado de no apartarnos de Él, pues tantas recaídas voluntarias son muy peligrosas.

13 AGOSTO
Santos Ponciano e Hipólito, Máximo el Confesor, Radegunda, Benildo

Sé pobre de todo, y el Corazón de Jesús te enriquecerá.

14 AGOSTO
Santos Maximiliano Mª Kolbe, Marcelo, Arnulfo

¿De qué serviría hacer buenos **propósitos**, si llegada la hora no quisiéramos ponerlos por obra?

15 AGOSTO
ASUNCIÓN DE LA VIRGEN MARÍA. Santos Tarsicio, Luis, Manuel, Salvador y David

Aprovechémonos del **tiempo** que Dios nos concede, y no tardemos en darnos al Señor, pero sin turbarnos: que la turbación no sirve más que para aumentar nuestros males.

16 AGOSTO
Santos Esteban de Hungría, Roque, Teodoro

Cuando me preguntan sobre las **gracias** que el Señor me dispensa a mí, indigna pecadora, no sé hablar más que de la felicidad que es el padecer con Jesucristo, no teniendo en esta vida nada más precioso que el padecer por su amor.

17 AGOSTO
Santos Jacinto de Polonia, Beatriz de Silva, Eusebio, Clara de Montefalco

Nos conviene **luchar**, como los santos, en contra de nosotros mismos hasta el último extremo, y morir con las armas en la mano, que la corona sólo es para los que vencen.

18 AGOSTO
Santos Alberto Hurtado, Elena. Beato Manés de Guzmán

Di en todas tus acciones: «Dios mío, hago o sufro esto en el corazón, y según las santas intenciones de vuestro divino Hijo que se ofrece para reparar cuanto hay de impuro e imperfecto en las mías»; y así en todo lo demás.

19 AGOSTO

Santos Juan Eudes, Ezequiel Moreno, Luis, Sixto, Magín

Vive totalmente abandonado al amor de nuestro Señor Jesucristo, **dejándote dirigir** por su amorosa Providencia, sin pedir ni rehusar cosa alguna.

20 AGOSTO

Santos Bernardo, Samuel, Leovigildo, Cristóbal

Cuando se trata de la **salvación**, hay que hacerlo y padecerlo todo, sacrificarlo todo, abandonarlo todo.

21 AGOSTO

Santos Pío X, Ciriaca, José Dang Dinh

De continuo se rebelan nuestras **pasiones**, y así caemos con frecuencia; pero no hay que turbarse por eso, ni abatirse, ni desmayar, sino hacerse violencias y sacar ventajas de las mismas caídas para animarnos más y más, como los santos, que experimentaron debilidades lo mismo que nosotros.

22 AGOSTO

María Reina. Santos Sinforiano, Felipe Benizi, Juan Kemble

El divino Corazón se complace en establecer su morada **en nuestra pequeñez** y nuestra nada.

23 AGOSTO

Santos Rosa de Lima, Eugenio, Abundio e Ireneo

En nombre del Sagrado Corazón de mi Jesús no formaré ya tantas **excusas** de amor propio: observemos exactamente el silencio, sobre todo en las ocasiones de mortificarnos.

24 AGOSTO

Santos Bartolomé Apóstol, Jorge, Juana Antida Thouret, Emilia de Vialar

Cualquier **juicio** que los hombres formen de mí no puede hacerme diferente a los ojos de Dios.

25 AGOSTO

Santos Luis IX de Francia, José de Calasanz. Beato Luis Urbano

No tiene Dios cosa más preciosa que su

amor y su cruz, y por **su misericordia** me admite verdaderamente a tomar parte, siendo yo indignísima de don tan rico.

26 AGOSTO
Santos Teresa de J. Jornet, Melquisedec. Beato Junípero Serra

Creo que no podrás dar al Sagrado Corazón mayor **señal de amor** y que le sea más grata que albergándolo en el lugar de delicias que Él mismo se ha fabricado, es decir, en tu corazón; pero es menester echar de él los ídolos que tanto tiempo has adorado: tu orgullo, tu propia voluntad y cualquier apego a las criaturas.

27 AGOSTO
Santos Mónica, Cesáreo de Arlés, Amadeo, David Lewis

Seamos **caritativos** y humildes en los pensamientos y palabras, y el Sagrado Corazón será con nosotros más generoso con sus gracias.

28 AGOSTO
Santos Agustín, Julián, Hermes, Alejandro

Conviene **amar** tanto a nuestro Señor en

esta vida, que nos hagamos una cosa con Él, de modo que nunca más nos podamos separar.

29 AGOSTO
Martirio de San Juan Bautista. Santos Sabina, Víctor, Adelfo

Ninguna gracia se puede comparar con la de llevar amorosamente la **cruz** con Jesús.

30 AGOSTO
Santos Juana Jugan, Félix y Adauto, Margarita Ward

Refiere a Dios la gloria de todo, no dejando para ti más que la impotencia y la pobreza, el desprecio y el dolor.

31 AGOSTO
Santos Ramón Nonato, José de Arimatea y Nicodemo, Dominguito del Val

Arrojémonos sin reserva en las divinas llamas del puro amor de nuestro Dios, para **amarlo con todo el ser** que nos ha dado; pero conviene que todo en nosotros esté subordinado, todo ceda y obedezca a este amor divino.

SEPTIEMBRE

1 SEPTIEMBRE

Santos Josué, Gil, Sixto, Vicente

Hacer, sufrir y callar **humildemente.**

2 SEPTIEMBRE

Santos Antonino, Zenón, Teódota.
Beata Ingrid

Silencio en todo lo que pueda ser alabanza o excusa nuestra, vituperio o acusación de los demás.

3 SEPTIEMBRE

Santos Gregorio Magno, Basilisa, Sandalio

Haz cinco **prácticas** de silencio interno y externo, rechazando todo pensamiento inútil: haz nueve genuflexiones, repitiendo en cada una: *Venid, adoremos.*

4 SEPTIEMBRE

Santos Moisés, Marcelo, Cándida, Rosalía.
Nuestra Señora de la Consolación

Conserva la **paz del alma** sin inquietarte por tus defectos, los cuales sirven, conforme a los designios de Dios, para mantener en ti el amor del propio abajamiento.

5 SEPTIEMBRE

Santos Bertín, Urbano, Pedro Nguyen.
Beata Teresa de Calcuta

¡Oh! Si pudiéramos comprender bien cuánto perdemos no aprovechando las ocasiones de **sufrir**: ya tendríamos bastante más cuidado de no perder ni un momento de pena.

6 SEPTIEMBRE

Ntra. Sra. de Guadalupe (España).
Santos Zacarías, Onesíforo, Bega

Para **honrar** la humillación de este Corazón adorable, haréis cinco prácticas de humildad, manteniéndoos en el profundo abismo de vuestra nada: estad muy contentos de ser humillados y despreciados.

7 SEPTIEMBRE

Santos Regina, Madelberta, Clodoaldo

El **amor de Jesucristo** suplirá todo: el amor te sugerirá lo que hayas de hacer, según las intenciones de tu Amado.

8 SEPTIEMBRE

Natividad de María. Santos Fausto, Sergio. Beato Federico Ozanam

Ofreced cinco veces al Padre Eterno los sacrificios que el Corazón de su divino Hijo le ofrece, pidiéndole **que todos los corazones se conviertan a Él.**

9 SEPTIEMBRE

Santos Pedro Claver, María de la Cabeza

Corta toda **palabra superflua** y ten recogidos los sentidos: con la mayor frecuencia que puedas, haz esta aspiración: «¡Oh, divino Corazón de Jesús, viviente en el Corazón de María, te pido que vivas y reines en todos los corazones, y los consumas en tu purísimo amor!».

10 SEPTIEMBRE
Santos Nicolás de Tolentino, Pedro de Mezonzo. Beato Francisco Gárate

No digas palabra alguna **por vanidad, ni para excusarte:** no busques ser amado más que por el Corazón divino de Jesús: ofrécele cinco prácticas, diciendo: *Mi sacrificio es un espíritu quebrantado. Un corazón quebrantado y humillado tú, Dios mío, no lo desprecias.*

11 SEPTIEMBRE
Santos Proto y Jacinto, Félix y Régula, Emiliano. Ntra. Sra. de Coromoto

No te preocupes por el **porvenir**: piensa sólo en emplear bien el presente.

12 SEPTIEMBRE
Dulcísimo Nombre de María. Santos Guido, Albeo. Ntra. Sra. de la Fuensanta

Pidamos al amable Corazón de nuestro buen Señor, que consuma el maldito **amor propio** en el fuego sagrado que vino a traer al mundo, y en que arden continuamente los corazones de buena voluntad.

13 SEPTIEMBRE

Santos Juan Crisóstomo, Julián, Marcelino

Toda de Dios, nada de mí; toda por Dios, nada por mí; **toda para Dios, nada para mí**.

14 SEPTIEMBRE

Exaltación de la Santa Cruz. Santos Alberto, Notburga

La **cruz** es mi tesoro en el Corazón adorable de Jesús: ella me hace tener allí todo mi placer, toda mi alegría, todo mi deseo.

15 SEPTIEMBRE

Nuestra Señora de los Dolores. Santos Nicomedes, Valeriano, Alpino

No es necesario pedir padecimientos, siendo más conforme a la perfección el no pedir nada ni rehusar nada, sino **abandonarse** al puro amor para dejarse crucificar y consumir, según plazca al Sagrado Corazón de Jesús.

16 SEPTIEMBRE

Santos Cornelio y Cipriano, Juan Macías, Eufemia, Rogelio

Ten presente que al que Dios quiere que

padezca no puede **aliviarlo ni consolarlo** nadie.

17 SEPTIEMBRE

Santos Roberto Belarmino, Pedro Arbués, Lamberto, Columba

¿Qué tienes que temer cuando tu **buen Amo**, Dios, te rodea por todas partes con su poder a manera de muro infranqueable para el enemigo?

18 SEPTIEMBRE

Santos José de Cupertino, Ariadna, Sofía, Domingo Trach

El Señor no es menos amable en las amarguras del **Calvario** que en las dulzuras del **Tabor**.

19 SEPTIEMBRE

Santos Jenaro, Alonso de Orozco, Mariano, María de Cervelló

Abracemos afectuosamente la **cruz** sin mirar de qué clase de madera o con qué instrumento ha sido hecha, pues ninguna cosa nos une tanto al Sagrado Corazón de Jesús como la cruz, que es la más preciosa prenda de su amor.

20 SEPTIEMBRE
Santos Andrés Jim, Pablo Chong, Juan Carlos Cornay

Conviene **amar** al amable Corazón de nuestro buen Señor a costa de todo; el amor puro lo quiere todo o nada.

21 SEPTIEMBRE
Santos Mateo Apóstol, Jonás, Cástor, Landelino, Maura

El amor de las **criaturas** es, en nuestro corazón, un veneno que mata el amor de Jesucristo.

22 SEPTIEMBRE
Santos Florencio, Mauricio, Emérita

¿Qué haría yo alejándose de mí la cruz, que es la que me hace **esperar en su misericordia**?

23 SEPTIEMBRE
Santos Pío de Pietrelcina, Zacarías e Isabel, Lino. Beatos Cristóbal, Antonio y Juan

Camina con **sencillez** en el Señor: no te perderás porque te ama.

24 SEPTIEMBRE
Nuestra Señora de la Merced.
Santos Gerardo Sagredo, Antonio González

No debemos desear la vida más que por tener la dicha de **padecer por amor**; pero nunca a nuestra elección.

25 SEPTIEMBRE
Santos Cleofás, Fermín y Tata y 4 hijos

Obra y **sufre en silencio**: ten tu alma siempre en paz.

26 SEPTIEMBRE
Santos Cosme y Damián, Gedeón, Nilo, Lucía Kim

Abandónate al Sagrado Corazón, sin tantas reflexiones de inquietud y desconfianza sobre al **porvenir**: Él lo prevé por ti, y esto basta; que te baste amarle en el presente con confianza, bien seguro de que no quiere abandonarte.

27 SEPTIEMBRE
Santos Vicente de Paúl, Cayo, Adolfo y Juan

Frecuentemente nuestro Soberano me

obliga a decir, a pesar de toda la oposición que hace la naturaleza, que es bueno caminar con la fuerza de su **amor** al revés de las propias inclinaciones, sin otro placer ni satisfacción que el de no tener ninguno, porque nos debe bastar que nuestro buen Dios quede satisfecho como más le plazca.

28 SEPTIEMBRE
Santos Lorenzo Ruiz, Wenceslao. Simón de Rojas

No atiendas a otra cosa que a **honrar a Jesús**, y a estudiar el modo de contentar a su Corazón, del mismo modo que los pasajeros en la tempestad hacen ciegamente lo que prescribe el piloto.

29 SEPTIEMBRE
Santos Arcángeles Miguel, Gabriel y Rafael

Tu corazón es todo del Corazón Sagrado de Jesús, pero **quiere Jesús poseerlo solo,** es decir, vacío de toda ínfula sobre ti mismo, y libre del apego a cualquier cosa por santa que nos parezca.

30 SEPTIEMBRE
Santos Jerónimo, Eusebia, Antonio, Honorio

El **amor de nuestra humillación** es un remedio poderoso para curar las llagas que el amor propio causa a nuestro corazón.

OCTUBRE

1 OCTUBRE

Santos Teresa del Niño Jesús, Verísimo, Máxima y Julia, Román. B. Juan de Palafox

Descansa en los brazos de Jesús y sobre su Sagrado Corazón como el niño descansa en el regazo de su madre, donde encuentra su consuelo y seguridad.

2 OCTUBRE

Santos Ángeles Custodios, Saturio

¡Oh! ¡Qué útil es la **cruz** en todo tiempo y lugar!

3 OCTUBRE

Santos Francisco de Borja, Dionisio Areopagita, Gerardo

Es menester que dejes tu corazón del todo **vacío de amor de ti mismo** y de todo lo que no es Dios, si quieres que ese corazón esté dispuesto para recibir las gracias que Dios te destina.

4 OCTUBRE
Santos Francisco de Asís, Áurea de París, Petronio, Quintín

Vive en un amoroso **abandono** al cuidado de la divina Providencia.

5 OCTUBRE
Santos Mª Faustina Kowalska, Apolinar, Mauro y Plácido

Jesús es el **único amigo de nuestros corazones**: hechos sólo para Él, no pueden encontrar tranquilidad, alegría y consuelo más que en Él.

6 OCTUBRE
Santos Bruno, María Francisca, Román

La **cruz** es verdaderamente la porción de los escogidos en esta vida.

7 OCTUBRE
Ntra. Sra. la Virgen del Rosario. Santos Justina, Martín Cid, Marcelo

Para **vivir con la vida del amor del Verbo**

Encarnado, presenta al Sagrado Corazón el tuyo tres veces al día, pidiendo al Espíritu Santo la gracia de que te conserve aquel espíritu de amor que te una y trasforme enteramente en Él.

8 OCTUBRE

Santos Hugo, Pelagia, Evodio, Reparada

Cuando traes a la memoria con fruición los **sinsabores** que te parece haber recibido, haces que el Señor recuerde tus pecados, que su misericordia le había hecho olvidar.

9 OCTUBRE

Santos Dionisio, Juan Leopardi, Luis Bertrán, Abrahán

Para honrar la **vida de abandono**, mediante la cual el amor tiene a Jesús como humillado, oculto y desconocido del mundo, tendrás tu voluntad y todos tus afectos aniquilados en los de Jesús, con entera sumisión y adhesión a su divino beneplácito.

10 OCTUBRE
Santos Tomás de Villanueva, Daniel Comboni, Casio y Florencio

¡Ay! ¡Qué preciosas son siempre las **enfermedades** y las humillaciones! Ya no veo cosa más útil y necesaria.

11 OCTUBRE
Santos María Soledad Torres, Felipe Diácono. Beato Juan XXIII

No nos acongojemos por nuestros pequeños **disgustos**, que ordinariamente no nacen de otra causa que de no poner bastante empeño en mortificarnos y hacernos sencillos cortando las ínfulas de nuestro amor propio.

12 OCTUBRE
Ntra. Sra. del Pilar. Santos Félix IV, Serafín, Maximiliano

Tendrás por **gerencia tuya** el Sagrado Corazón de Jesús, en el cual lograrás amor de hijo para con Dios, de padre para con el prójimo, y de juez para contigo mismo.

13 OCTUBRE

Santos Teófilo, Fausto, Jenaro y Marcial, Venancio

El **amor propio**, con el que quisiéramos presentarnos en todas partes, ser aplaudidos, acariciados y bien recibidos, no quiere oír ni puede entender estas lecciones de humildad, de que nuestras caídas nos ayudan a humillarnos y a conocer lo que somos; pero no es menester entrar a discutir con él, pues con esto se nutre y aumenta.

14 OCTUBRE

Santos Calixto I. Beata María Poussepin

¡Ah! ¿Por qué no ardemos en el fuego del divino amor que Jesús vino a traer al mundo? Sí, es menester **consumirse**: este Corazón Sagrado será el altar de nuestro sacrificio.

15 OCTUBRE

Santos Teresa de Jesús, Severo, Tecla

Abrazaos **humildemente** con las cosas que más os humillen y anonaden, como medios muy al caso para hacer que triunfe el dulce y amable Corazón de Jesús, y el vuestro reine en el suyo.

16 OCTUBRE

Santos Eduvigis, Margarita Mª Alacoque, Longinos, Gerardo Mayela

Vuestra herencia será **Jesús Sacramento**, donde encontraréis un maná escondido que os infundirá hastío de todas las cosas de la tierra, a las cuales preferiréis la vida oculta sacrificada de Jesús en el Sacramento.

17 OCTUBRE

Santos Ignacio de Antioquía, Oseas, Rufo y Zósimo

Ya no veo cosa que tanto alivie la largura de la vida como el padecer siempre y amar.

18 OCTUBRE

Santos Lucas Evangelista, Amable, Asclepiades

La **cruz** es un bálsamo precioso, que pierde delante de Dios su buen olor cuando le da el aire; por eso es preciso esconderla y llevarla en silencio, cuanto sea posible.

19 OCTUBRE

Santos Juan de Brébeuf e Isaac, Pablo de la Cruz, Pedro de Alcántara, Joel

Debemos hacer conocer la verdad de nuestros buenos deseos con las **obras**, más bien que con las palabras, que son sospechosas si no las abona nuestra conducta.

20 OCTUBRE

Santos Cornelio Centurión, Vital, Adelina, Andrés Calibia

Cuando caigamos en **cualquier falta**, hay que pedir al Corazón divino que satisfaga por nosotros a su justicia y nos conceda su gracia.

21 OCTUBRE

Santos Hilarión de Gaza,Viator, Celina, Severino

Procuremos no reflexionar más que para aprender a **llevar bien nuestras cruces** con amoroso silencio.

22 OCTUBRE

Santas Nunilo y Alodía. Beato Timoteo Giaccardo

El **divino Corazón no te abandonará** nunca: al contrario, tendrá un cuidado particularísimo de ti si te abandonas y confías en Él en cuantas ocasiones se trate de su gloria y de robarle vuestro amor.

23 OCTUBRE

Santos Juan de Capistrano, Marcos, Valerio

Sólo el **corazón humilde** es apto para entrar en el Sagrado Corazón de Jesús, conversar con Él y amarle y ser amado por Él mismo.

24 OCTUBRE

Santos Antonio Mª Claret, Proclo

En todo tiempo y lugar es buena la **cruz**: poco importa de qué madera sea: que nos baste el que nos la ofrezca el Corazón del Señor.

25 OCTUBRE

Santos Crisanto y Daría, Frutos, Valentín y Engracia, Bernardo Calbó

Ten ánimo; tus penas, sufridas con paciencia, valen mil veces más que todas las austeridades: esto es lo que Dios quiere de ti en este momento.

26 OCTUBRE

Santos Albino, Fulco, Luciano y Marciano, Amando

No perdamos el tiempo: por tanto, pensemos sólo en el momento presente para hacer buen uso de él, como si fuera el último día de nuestra vida y debiéramos comparecer para dar cuenta en el tribunal de la Justicia divina.

27 OCTUBRE
Santos Evaristo, Gaudioso, Vicente, Sabina y Cristeta

El Corazón divino tiene **cuidado particular** de las almas que se abandonan a Él confiadamente.

28 OCTUBRE
Santos Simón y Judas Tadeo Apóstoles, Fidel, Francisco Serrano, Rodrigo Aguilar

El reflexionar demasiado acerca de nosotros mismos impide el efecto de los designios de Dios sobre nosotros; por consiguiente, olvido y **silencio de nosotros** mismos y de lo que nos concierne.

29 OCTUBRE
Santos Narciso, Feliciano, Honorato, Joaquín Royo

Suframos amorosamente sin dolernos.

30 OCTUBRE
Santos Marcelo, Claudio, Lupercio y Victorico, Germán, Gerardo

Nos conviene procurar a toda costa **convertirnos en copias vivas de nuestro Esposo** crucificado, haciéndonos una representación suya en todas nuestras acciones.

31 OCTUBRE
Santos Alonso Rodríguez, Jerónimo Hermosilla, Quintín. Beata María de la Purísima

No cesemos un solo momento de **padecer**; que sin padecer no se puede amar.

NOVIEMBRE

1 NOVIEMBRE
TODOS LOS SANTOS

En ti estará, y en nadie más, **hacerte santo** mediante las grandes gracias que te dispensará el Sagrado Corazón, si quieres corresponderle siguiendo fielmente sus santas inspiraciones y los buenos movimientos que te concede.

2 NOVIEMBRE
TODOS LOS FIELES DIFUNTOS

¡Ah! ¡Cuánto agrada padecer siempre y al fin **morir en la cruz**, oprimidos bajo el peso de toda clase de penas, miserias, desprecios, abandonos y humillaciones!

3 NOVIEMBRE
Santos Martín de Porres, Pedro Almató, Germán, Silvia. Beato Manuel Lozano (Lolo)

Nuestro amable Salvador mortifica y vivifica cuando y como le place, sin que nos sea lícito preguntarle el porqué: debe bastarnos el que lo haga porque así es su beneplácito, al que debemos **sometemos amorosamente**.

4 NOVIEMBRE
Santos Carlos Borromeo, Vital y Agrícola, Félix de Valois

Amemos a Jesús con todas nuestras fuerzas, sufriéndolo todo en silencio por su amor, que endulza todas las amarguras de la vida, y es nuestra fortaleza en las batallas: batallas que es preciso sostener continuamente contra nuestros enemigos, entre los cuales el mayor somos nosotros mismos.

5 NOVIEMBRE
Santos Ángela de la Cruz, Bertila, Domingo Mâu. Beata María Rafols

¡Qué gusto vivir y morir bajo el peso de la **cruz de nuestro Señor**, privados de todo consuelo!

6 NOVIEMBRE
Santos Severo, Leonardo, Melanio. Beatos Mártires del siglo XX en España

Poderoso es el Corazón divino para satisfacer a la justicia divina por nuestros pecados, que han traído sobre nosotros todas las calamidades que nos afligen.

7 NOVIEMBRE
Santos Lázaro, Hierón, Florencio, Jacinto Castañeda. Beato Francisco Palau

¡Qué felices son aquellas almas que han llegado al perfecto **olvido de sí** mismas, que ya no aman, ni miran, ni piensan sino en Jesús, único amor de nuestros corazones!

8 NOVIEMBRE
Santos Godofredo, Adeodato. Beatos Juan Duns Escoto, Isabel de la Trinidad

Si oímos hoy **la voz del Señor**, no endurezcamos nuestros corazones, no tardemos un momento en entregarnos plenamente a la gracia.

9 NOVIEMBRE
Dedicación de la Basílica de Letrán. Santos Jorge, Ursino

Para los que aman ardientemente el Sagrado Corazón de nuestro amable Jesús ya no hay sufrimientos, porque los dolores, humillaciones y contradicciones, **todo se trueca en amor**.

10 NOVIEMBRE
Santos León Magno, Orestes, Andrés Avelino

La **cruz** es el trono de los verdaderos amantes de Jesús crucificado.

11 NOVIEMBRE
Santos Martín de Tours, Teodoro Estudita, Marina de Omura

¿**Por qué no ardemos** en el fuego divino que el Sagrado Corazón vino a traer al mundo? Sí, es menester derretirse en estas santas llamas, y el Sagrado Corazón será el altar de nuestro sacrificio.

12 NOVIEMBRE
Santos Josafat, Millán de la Cogolla, Nilo, Margarito Flores

Hacerte santo te costará trabajo por parte de la naturaleza, que teme su propia destrucción y esto da pena; pero, ¿se podría hacerla morir sin sufrir bastante, puesto que en nosotros todo es contrario?

13 NOVIEMBRE
Santos Leandro, Estanislao de Kostka, Diego de Alcalá

El **Sagrado Corazón** de nuestro Soberano Dueño es una fuente inagotable que **anhela derramarse** en los corazones humildes, vacíos y desprendidos de todo, y prontos a sacrificarse a su servicio por mucho que cueste a la naturaleza.

14 NOVIEMBRE
Santos José de Pignatelli, Rufo, Lorenzo O'Toole, Serapio

La devoción al Sagrado Corazón debe insinuarse **desde la niñez** por la suave unción de los corazones que Él se ha escogido, como bálsamo precioso cuyo olor y licor se esparce poco a poco.

15 NOVIEMBRE

Santos Alberto Magno, Marino y Aniano, Leopoldo, José Pignatelli

Amemos a nuestro Soberano Señor, pero **amémosle en la Cruz**, pues sus delicias son encontrar en un corazón amor, sufrimiento y silencio.

16 NOVIEMBRE

Santos Margarita de Escocia, Gertrudis, Roque y Alfonso

Si eres **fiel** en cumplir la voluntad de Dios en el tiempo, se cumplirá la tuya por toda la eternidad.

17 NOVIEMBRE

Santos Isabel de Hungría, Acisclo, Aniano, Hugo, Filipina Duchesne

El **don del puro amor de Dios** aventaja a todos los otros dones: sólo él debe apoderarse de nosotros y hacernos obrar o padecer, supuesto que no está jamás ocioso en el corazón.

18 NOVIEMBRE
Dedicación de las Basílicas de San Pedro y San Pablo. San Román

¡Si pudieras entender cuánto bien es **amar al Sagrado Corazón** y ser amado por Él! Ninguno de los que te estén particularmente dedicados y consagrados, creo que se podrá perder.

19 NOVIEMBRE
Santos Abdías, Matilde, Rafael Kalinowski, Inés de Asís

Siendo para nosotros el amable Corazón de Jesús todo en todas las cosas, podremos decir con san Pablo que ya no vivimos nosotros, sino que **es Él quien vive en nosotros.**

20 NOVIEMBRE
Santos Crispín, Edmundo, Francisco J. Cân

A veces, **nuestras caídas** nos ayudan mucho a humillarnos y conocer lo que somos, y lo muy bueno que es para nosotros estar escondidos en el abismo de nuestra nada.

21 NOVIEMBRE
Presentación de la Virgen María. Santos Gelasio I, Mauro, Rufo

El alma que se haya escondido una vez en el sagrado fuego de un amor ardiente al Sagrado Corazón de Jesús, no se emplea ya en otra cosa más que en **amar padeciendo.**

22 NOVIEMBRE
Santos Cecilia, Filemón, Benigno

No te turben **tus faltas**; pero cuando hayas cometido alguna, di con toda confianza al amabilísimo Corazón de Jesús: «¡Oh único amor mío! Satisface por tu sierva y repara el mal que yo he hecho transformándolo en gloria tuya, edificación del prójimo y salud de mi alma».

23 NOVIEMBRE
Santos Clemente I, Columbano, Lucrecia. Beato Miguel A. Pro

Abandónate a ti y encontrarás a Dios: **olvídate de ti mismo** y Él pensará en ti: abísmate en tu propia nada y lo poseerás. Pero esto, ¿quién lo hará? El amor que hallarás en el Sagrado Corazón.

24 NOVIEMBRE

Santos Andrés Dung-Lac, Crisógono, Flora y María, Mateo Alonso

El Señor habita solamente en **la paz del alma**, que gusta mucho de verse destruir y aniquilar, para quedarse como perdida toda en el amor de su humillación.

25 NOVIEMBRE

Santos Catalina, Moisés, Pedro y Águeda Yi

El Sagrado Corazón quiere enseñarte a vivir sin apoyo, sin amigos, sin satisfacciones; a medida que consideres estas palabras, te las dará a entender.

26 NOVIEMBRE

Santos Juan Berchmans, Delfina, Conrado. Beato Santiago Alberione

¿No es el Corazón de Jesús el trono de la **misericordia**, donde los más miserables son los mejor recibidos, con tal que los presente el amor en el abismo de sus miserias?

27 NOVIEMBRE
Ntra. Sra. de la Medalla Milagrosa. Santos Facundo y Primitivo

Si nos vemos lánguidos, fríos, impuros, imperfectos, ¿no es el **Sagrado Corazón** un **horno ardiente**, en que debemos purificarnos y perfeccionarnos como el oro en el crisol, para ser como una hostia viva, toda inmaculada y sacrificada a sus designios adorables?

28 NOVIEMBRE
Santos Catalina Labouré, Esteban, Andrés Trân

Es menester que procures, no sólo hacer tu retiro en el **Sagrado Corazón**, sino además que le tomes por tu **guía y principal Director**, para que te descubra lo que quiere de ti y te ayude a seguirle con perfección.

29 NOVIEMBRE
Santos Saturnino, Iluminada, Francisco A. Fasani. Beato Bernardo F. de Hoyos

Los negocios tocantes a la gloria de Dios son muy diferentes de los del mundo, en los cuales hay que moverse mucho; pero en los de Dios es menester contentarse con **seguir su inspiración**, y después dejar que obre la gracia y secundar sus movimientos cuanto podamos.

30 NOVIEMBRE
Santos Andrés Apóstol, Cutberto, Tadeo Liu

Las mayores amarguras se tornan dulzuras en el Corazón adorable y lo **convierte todo en amor**.

DICIEMBRE

1 DICIEMBRE

Santos Nahún, Florencia, Eligio, Edmundo. Beato Carlos de Foucauld

Si viera yo en un alma todas las virtudes sin la **sinceridad**, aunque esa alma estuviera enriquecida con otras muchas gracias, digo que todo esto no me parecería más que engaño e ilusión.

2 DICIEMBRE

Santos Habacuc, Bibiana, Silverio

¿Qué importa que sea de una u otra manera nuestra **cruz**, con tal de que sea cruz, y en ella nos tenga el amor del que murió con ella?

3 DICIEMBRE

Santos Francisco Javier, Sofonías, Lucio, Casiano

Me parece que para llegar a la **perfección**, no hay camino más corto, ni medio más seguro de salud, que consagrarse uno todo entero al divino Corazón, para rendirle todos los homenajes de amor, honor y alabanza de que seamos capaces.

4 DICIEMBRE

Santos Juan Damasceno, Bárbara, Juan Taumaturgo, Bernardo

A un alma que tenga deseos verdaderos y grandes de ser toda de Dios, ¿qué le importa la manera y el camino por donde Él la lleve? Con tal de **que el Señor esté contento**, esto solo debe bastarla.

5 DICIEMBRE

Santos Sabas, Juan Almond, Crispina

Con las **faltas de sencillez** se da al enemigo poder completo para hacer burla de nosotros y engañarnos como quiera: él se engríe mucho cuando le guardamos el secreto.

6 DICIEMBRE

Santos Nicolás, Pedro Pascual

Es menester **amar al divino Corazón** con todas las fuerzas y potencias, cueste lo que cueste.

7 DICIEMBRE

Santos Ambrosio, Sabino, Urbano, Fara

No te entretengas en ir buscando siempre nuevos medios de perfección, teniendo presente que la tuya consiste en una sola palabra: en **conformar tu vida** y tus acciones con las santas máximas del Corazón de Jesús, especialmente con su dulzura, caridad y humildad.

8 DICIEMBRE

INMACULADA CONCEPCIÓN DE MARÍA. Santa Narcisa de Jesús

Tomaré a pecho unirme con el espíritu y el corazón a la **Inmaculada Virgen** cuando esté de mi parte para rendir homenaje al Verbo encarnado, este Dios hecho niño en su seno, adorándole y amándole silenciosamente con ella.

9 DICIEMBRE

Santos Juan Diego, Leocadia, Siro, Pedro Fourier

Amemos a este único amor de nuestras almas, porque **Él nos amó primero**, y todavía nos ama con tanto ardor que se consume de continuo en el Santísimo Sacramento.

10 DICIEMBRE

Ntra. Sra. de Loreto.

Santos Eulalia de Mérida, Mauro, Gregorio III

El **enemigo** despierta en nuestra corrompida naturaleza nuevas repugnancias, disgustos y aversión al bien, procurando así asustarnos y confundirnos para impedir que crezcamos en la virtud, y que adelante la obra de nuestra perfección.

11 DICIEMBRE

Santos Dámaso, Maravillas de Jesús, Daniel, Sabino

Hacer y **padecer por amor** es el verdadero secreto de los amantes del Amado.

12 DICIEMBRE

Ntra. Sra. de Guadalupe (América).

Santos Israel, Simón Phan

El divino Corazón se complace en los **servicios que le hacen los humildes** de Corazón, y da la bendición a sus asuntos.

13 DICIEMBRE

Santos Lucía, Otilia, Autberto

Cuando se trata de la **salvación eterna**, es

preciso sacrificarlo todo, sufrirlo todo y abandonarlo todo. Por más que Dios quiera salvarnos, quiere que contribuyamos por nuestra parte; de lo contrario, no hará nada sin nosotros.

14 DICIEMBRE
Santos Juan de la Cruz, Venancio Fortunato, Herón, Pompeyo

Déjate llevar, y piensa muchas veces que **el niño no puede perecer** entre los brazos de un Padre omnipotente.

15 DICIEMBRE
Santos Valeriano, Maximino, María Crucificada de Rosa

El **Amor** no quiere llenarse más que de amor, a fin de que por él mismo podamos darle todo lo que espera de nosotros: amor fuerte que no se deja abatir, amor puro sin interés, amor crucificado que no encuentra alegría, sino en el sufrimiento para conformarse al Amado.

16 DICIEMBRE
Santos Ageo, José Mañanet, Everardo, Adelaida

No puedo entender cómo dicen que se padece cuando se ama de veras al Sagrado Corazón de Nuestro Señor Jesucristo, siendo así que Él cambia las mayores **amarguras en dulzuras**, y hace gustar las delicias en medio de las penas y humillaciones.

17 DICIEMBRE
Santos Juan de Mata, Modesto

Quiere el Sagrado Corazón de Jesús que le **sirvas y ames** constantemente, para que le correspondas de algún modo al amor que te tiene.

18 DICIEMBRE
Nuestra Señora de la O, Esperanza, Macarena. Santos Malaquías, Pedro Nguyen

En las **visitas al Santísimo Sacramento** sea tu petición el amor de tu abajamiento para honrar la humillación de un Dios oculto y humillado por tu amor.

19 DICIEMBRE

Santos Anastasio I, Urbano, Gregorio

¡Dios mío, **qué gran tesoro es el amor** de nuestro abatimiento! ¡Qué no deberemos hacer y padecer por tenerlo! El alma que goza de él está segura, y nada puede faltarle porque el Omnipotente se complace y descansa en ella.

20 DICIEMBRE

SS. Domingo de Silos, Ceferino, Ursicino

En un alma que quiera **ser toda de Dios** no se compagina el que, con frecuencia, cometa faltas voluntarias de sinceridad, y que lo haga intencionadamente, buscando subterfugios y ciertas simulaciones en sus palabras y obras, y no caminando por la senda derecha de los que miran sólo a Dios en todo lo que hacen, y sin artificio alguno toman por divisa sólo a Dios.

21 DICIEMBRE

Santos Pedro Canisio, Miqueas, Temístocles

Es buena señal cuando la **gracia nos empuja y solicita**; pero debemos temer no sea que se canse y nos abandone.

22 DICIEMBRE
Santos Queremón, Isquirión, Francisca Javiera Cabrini

La **gracia obra con dulzura** y suavidad, aunque a la vez con fortaleza y eficacia; pero nos quiere encontrar fieles y prontos a seguir sus luces y movimientos.

23 DICIEMBRE
Santos Juan de Kety, Ivón, Juan Stone, María Margarita

Apóyate fuertemente en Dios con entera **confianza en su bondad**, que no abandona jamás a los que esperan en Él, desconfiando de ti mismo.

24 DICIEMBRE
Santos Antepasados de Jesús, Delfín, Tarsila

No dejes nunca **el bien comenzado,** a no ser por orden de los que dirigen tu espíritu.

25 DICIEMBRE
NATIVIDAD DEL SEÑOR

La **humildad** es la virtud del Sagrado Corazón, que no abate en nosotros su grandeza sino a medida que nos encuentra abajados en el amor de nuestra pequeñez. Él tendrá cuidado de elevarnos a la unión consigo, tanto cuanto la humildad nos aparte del afecto de todo lo que puede llamar nuestra atención a las criaturas.

26 DICIEMBRE

Santos Esteban, Dionisio, Zenón, Zósimo

Cada vez que dejamos que Jesús ame a otros a través de nosotros es **Navidad**.

27 DICIEMBRE

Santos Juan Evangelista, Fabiola, Teodoro

Quiero **sufrirlo todo** sin quejarme: amando a mi Señor, nada me espanta.

28 DICIEMBRE

Santos Inocentes, Antonio, Gaspar de Búfalo

Cuantas más contradicciones encuentra mi **amor**, tanto más me inflama este bien. Aunque noche y día sufra continuas penas, no me lo arrancarán de mi pecho. Cuantos mayores dolores sufro, más unido tengo a mi Dios en el corazón.

29 DICIEMBRE
Santos Tomás Becket, David Rey, Martiniano, Marcelo

Querer **amar a Dios sin padecer** es una ilusión.

30 DICIEMBRE
Sagrada Familia.
Santos Félix, Hermes, Rainiero, Rogelio

Camina rectamente con paz y acción de gracias por el camino de la humildad, sin preocuparte de ver lo que haces, ni si adelantas; pero abandónate ciegamente con **fe y confianza** a los cuidados de la Providencia sin retroceder jamás.

31 DICIEMBRE
SS. Silvestre, Columba, Melania, Juan F. Regis

He aquí el **reto** que te propongo **para el año nuevo**. Consiste en tres prácticas: la primera, pureza en tus intenciones; la segunda, humildad de corazón en todas tus acciones; la tercera, humildad sin mezcla de propio interés en tus pretensiones. El Sagrado Corazón no quiere que te fije el número de estas prácticas: lo deja al ardor de tu amor, y por él quiere conocer quién es el que más le ama.